AF226762

RAPPORT

SUR L'ÉTAT ACTUEL DES TRAVAUX

DU

CANAL MARITIME

DE SUEZ

PAR

M. ALEXANDRE B. DE MANVILLE

PARIS

E. DENTU, LIBRAIRE-ÉDITEUR

PALAIS-ROYAL, 17 ET 19, GALERIE D'ORLÉANS.

1867

RAPPORT

SUR L'ÉTAT ACTUEL DES TRAVAUX

DU

CANAL MARITIME

DE SUEZ

RAPPORT

SUR L'ÉTAT ACTUEL DES TRAVAUX

DU

CANAL MARITIME

DE SUEZ

PAR

M. ALEXANDRE B. DE MANVILLE

PARIS

E. DENTU, LIBRAIRE-ÉDITEUR

PALAIS-ROYAL, 17 ET 19, GALERIE D'ORLÉANS.

—

1867

RAPPORT

SUR L'ÉTAT ACTUEL DES TRAVAUX

DU

CANAL MARITIME

DE SUEZ

I

SUEZ

Autrefois il fallait trois à quatre jours et de bons chameaux pour aller du Caire à Suez; aujourd'hui ce trajet se fait en quelques heures par le chemin de fer : cette petite ville est bâtie sur une sorte de promontoire ou langue de terre qui se projette dans la mer Rouge. Cette mer, traversée jadis par le peuple hébreu, offrira toutes les garanties possibles aux vaisseaux d'un grand comme d'un petit tonnage. On aperçoit du rivage une digue de trois kilomètres s'avançant en demi-cercle vers la pleine mer, pour opposer aux vagues une forte-résistance et assurer par là même un abri sûr aux vaisseaux mouillés dans le port. Ces navires auront également toute facilité pour y faire de l'eau, car un réservoir a été établi à l'extrémité de la jetée.

Mais, demandera-t-on, comment obtenir dans ce port une profondeur assez grande pour que les eaux de la mer y pénètrent, la profondeur actuelle n'étant que de *un mètre cinquante?* Ce résultat sera obtenu par l'emploi des dragues, dont l'usage trouvera son explication plus loin.

Plusieurs ingénieurs étrangers ont prétendu que le niveau de la mer Rouge ne serait jamais assez élevé pour se déverser dans le canal. Cet obstacle est d'autant plus facile à vaincre que l'on constate aujourd'hui, et je l'ai vu de mes yeux, que l'eau de la mer filtre à travers les sables en déposant à la surface des efflorescences salines; ce qui prouve avec quelle facilité, lorsque les dragues auront fait leur office, la mer viendra prendre possession d'un domaine qui va lui être assuré par les efforts de la science. Les dragues ne pouvant fonctionner que dans *un mètre cinquante* à *deux mètres* d'eau, l'on creusera à sec toute la plaine de Suez de façon à ce qu'elle se trouve de *deux mètres* au-dessous du niveau de la mer. Aussitôt ces *deux mètres* creusés, les dragues, grâce à ce niveau d'eau, pourront donc fonctionner aisément.

Pour répondre à une autre objection déjà faite, à propos de la solidité du terrain, je dirai que le fonds de cette immense plaine est argileux et que les berges du canal peuvent résister à l'effet du *Kâmsin* (1) chassant devant lui les sables, d'autant mieux que l'humidité produite par la mer sur ces sables les solidifient et en forment une croûte inattaquable. Les déblais du canal combleront les bas-fonds entre la digue et la terre ferme.

(1) Vent chaud du désert.

II

CANAL D'EAU DOUCE

Ce canal part de Zagazig dans la Basse-Égypte ; il se détache de la branche du Nil qui s'embouche dans la mer à Damiette et qui s'appelle Branche de Damiette. Sa longueur est d'environ *cinquante lieues* et l'eau qui le remplit vient du Nil. Ce travail était tout d'abord nécessaire pour amener l'eau potable dans le désert. Avec de l'eau douce vient la fertilité du sable. On aperçoit, le long du canal, de beaux jardins où les légumes et les arbres poussent déjà facilement et en très peu de temps. On peut donc prévoir que, d'ici à quelques années, les deux rives du canal se couvriront de verdure partout où l'on pourra irriguer : grâce à ce canal, l'Égypte vient d'acquérir une nouvelle province. Ce même canal fut, il y a deux ans, l'objet de contestations entre la Compagnie et le Gouvernement égyptien. Cette question

fut résolue à l'amiable par l'arbitrage de l'Em-
pereur Napoléon III, et le Gouvernement égyptien acheta le canal *quatre-vingts millions*.

Afin que l'on se fasse une juste idée de l'importance des travaux, j'extrairai de la confé-
rence de M. Borel l'aperçu suivant du matériel
de la Compagnie, aperçu dont j'ai pu constater
moi-même la parfaite exactitude :

« Notre matériel se compose de *dix-huit* pe-
tites dragues, *soixante* grandes dragues, dont
vingt-deux à couloirs de *soixante-dix mètres*, les
autres desservies par *trente-six* grands porteurs
de vase pouvant tenir la mer ; *quarante-deux*
gabares à clapets de fond, *trente* gabares à
clapets latéraux, *dix-huit* éleveurs avec leurs
quatre-vingt-dix chalands flotteurs et leurs
sept cents caisses, *vingt* grues à vapeur, *dix*
chalands à citernes à vapeur, *cinq* chalands-
transports à vapeur, *cent cinquante* bateaux en
fer pour le transport des charbons et approvi-
sionnements, *quinze* canots à vapeur de différentes grandeurs, *trente* locomobiles employées
à des travaux divers. Tous ces instruments et
machines représentent une puissance de *dix
mille* chevaux-vapeur, et une dépense de *cin-*

quante millions de francs. Mais avec ces moyens nous sommes parvenus à faire faire par *trente* hommes le travail que feraient *trois* à *quatre cents* hommes par les procédés ordinaires, et à réduire ainsi le nombre des ouvriers indispensables de *trente mille* à *trois mille.* Nous sommes bien certains d'avoir ces *trois mille* ouvriers sans difficulté, puisque nous en employons en ce moment de *huit* à *dix mille* pour tous nos travaux préparatoires; il y a d'ailleurs cet avantage que les hommes qui fonctionnent sur les dragues et leurs appareils de desserte ne se fatiguent pas; il y a par drague : le chef mécanicien et *deux* chauffeurs, qui ont la besogne la plus forte; le reste est fait par des matelots grecs, qui trouvent sur la drague même leur logement et leur nourriture. Des tentes les mettent à l'abri du soleil, et l'évaporation de l'eau produit un courant d'air rafraîchissant et salubre, et tellement frais, que, même en été, il faut que ces matelots aient des vêtements de laine. »

III

CHALOUF

Maintenant que j'ai exposé l'état actuel des travaux de Suez, je m'avancerai jusqu'à Chalouf, qui est une importante station, ou mieux, une section du canal maritime. C'est déjà presque un gros bourg : les maisons bâties à l'européenne ont un air de coquetterie qui charme la vue; elles sont entourées de petits jardins dont la verdure repose agréablement les yeux fatigués de l'aspect du désert. Dans cette partie du canal, les travaux de l'Isthme sont fort avancés, et à certains endroits le canal a toute sa profondeur. On s'arrête étonné devant ces immenses déblais et à l'aspect de ces puissantes machines mises en œuvre pour creuser le lit du canal ou transporter les déblais au-delà des berges. Des centaines de travailleurs remplissent les tombereaux amenés sur des rails, et des machines à vapeur les hissent sur un plan incliné et les transportent à quelques centaines de mètres plus loin. De distance en distance, on retrouve la même activité et les mêmes machines. La tranchée de Chalouf, du reste, est le résultat d'un travail tellement considérable qu'on ne fait que rendre justice à l'immensité de l'œuvre en lui payant un tribut de sincère admiration.

Je ferai maintenant remarquer comme un des points les plus importants, que la profondeur du canal, y compris les berges dans l'endroit le plus creusé de la tranchée de Chalouf, est de *dix-sept mètres;* la profondeur réelle, il est vrai, à partir du niveau de l'eau salée qui remplira le canal, ne sera que de *huit mètres.* Le plafond ou lit du canal est de *quarante-quatre mètres,* et le niveau de la ligne de flottaison sera de *cinquante-six mètres.* Dans la tranchée, pendant que les travailleurs creusent le sol, des pompes, mues par la vapeur et échelonnées de *deux cents* en *deux cents mètres,* aspirent les eaux qui abondent à cette profondeur et les rejettent dans l'ancien canal des Pharaons. Ces eaux proviennent d'infiltrations produites dans les sables, et s'élèveraient à un assez fort niveau si l'on ne prenait soin de les rejeter au dehors. Il reste peu de traces du canal des Pharaons; de plus, ce canal présente des courbes sans fin. Sans doute, ces courbes avaient pour but d'éviter les couches de terrains difficiles à travailler. Les anciens Égyptiens trouvèrent bien plus simple de choisir un terrain mou au gré des sables.

Je dirai maintenant quels sont les deux systèmes de terrassements que l'on emploie dans cette immense tranchée. D'abord, et avant tout, l'on creuse à sec et, par conséquent, à force de bras jusqu'à une profondeur variable suivant l'élévation du terrain, mais toujours suffisante pour amener soit l'eau douce du canal, soit l'eau de mer, et permettre aux dragues de fonctionner. A ce propos, il est bon de constater que différents systèmes avaient déjà été employés; mais ne pouvaient être adoptés à cause de la nature des terrains presque toujours détrempés. Grâce à l'habileté de M. Lavalley, ce problème a été victorieusement résolu. Pour creuser le canal dans les parties de plaine, où sa largeur est de *cent mètres*, l'on se sert de dragues auxquelles on a adapté un grand couloir long de *soixante-dix mètres*; une solide charpente de fer fixée sur la drague lui sert de support, et un chaland qui flotte à ses côtés, et qui suit tous les mouvements de l'appareil, le maintient d'autre part dans un état stable. Du reste, l'on espère que ce nouveau matériel, combiné pour les besoins particuliers de cette grande entreprise, hâtera considérablement l'achèvement du canal, et que *trente-trois* mois pourraient suffire à le terminer. La longueur des couloirs adaptés aux dragues est proportionnée à l'inclinaison donnée, et les déblais que la drague déverse dans le couloir y glissent avec facilité par l'effet de cette inclinaison, joint à l'action de pompes mues par la drague elle-même, et qui y déversent une certaine quantité d'eau. Ce mode de déversement nécessitait également l'élévation des déblais et c'est pour cette raison que l'on voit la charpente de la drague élevée à *quinze mètres* au-dessus de l'eau. Les lacs Menzaleh et Ballah, ainsi que la plaine de Suez, seront dragués de la sorte, et comme cet immense matériel ne se peut monter et installer qu'à Port-Saïd, l'on a trouvé moyen, par un ingénieux système d'écluses établi sur le canal d'eau douce, l'on a trouvé, dis-je, moyen de transporter les appareils tout montés par ce canal jusqu'à Suez, canal qui sert également à les échelonner sur tout son parcours.

Nous venons de parler du travail des dragues, mais pour en revenir à la section de Chalouf, nous dirons que si l'on rencontre par hasard des bancs de rochers dans le lit du canal, le travail se fait à sec et à ciel ouvert. J'ai pu le constater à Chalouf. Ce second système est employé partout où l'on soupçonne des bancs de rochers que la drague ne pourrait entamer, et alors on fait jouer la mine ou la vapeur pour faire sauter ces rochers. Ce système est beaucoup plus dispendieux et plus long que le travail des dragues. Tandis qu'un ouvrier n'enlève que *un mètre cinquante* à *deux mètres* de terre par jour, une seule drague en enlève jusqu'à *mille sept cents mètres* entiers en une journée. Cette machine fait donc à elle seule l'ouvrage de *huit cents* hommes, différence énorme, et sous le rapport pécuniaire, et au point de vue de la rapidité du travail. Du reste, comme appréciation mathématique, j'ajouterai que l'enlèvement de *un mètre cube* de terre coûte à la Compagnie de *un franc cinquante* à *deux francs*.

Chaque jour on déblaie plus de *trois mille mètres*
à la section de Chalouf seulement. Le percement de tout le canal nécessitera l'enlèvement,
au plus, de *trois millions de mètres* cubes. On
peut juger par ces chiffres de l'immensité de ce
travail; aussi tel qui riait de la brouette restera
souvent la bouche ouverte devant la drague.

Les ouvriers que l'on emploie actuellement au
percement de l'Isthme sont Européens, à part
les Arabes, et se composent principalement de
Syriens, de Grecs, de Dalmates, d'Autrichiens et
d'Italiens. Il y a parmi eux peu de Français,
malgré tous les efforts qu'avait déployés, pour les
attacher à cette œuvre toute nationale, l'admi-
nistration supérieure. On m'a montré au-delà
de Chalouf un chantier de *huit cents* Arabes.
Les Fellahs (paysans égyptiens), bien qu'assez
bons travailleurs, ne font que *les deux tiers* du
travail qu'exécutent dans le même temps et à
nombre égal les ouvriers Européens. Sobre de
sa nature, le Fellah se nourrit de peu, et l'adresse
qu'il déploie avec ses mains fait qu'il les préfère
la plupart du temps aux meilleurs outils. Il
trouve aussi un grand avantage à travailler au
creusement du canal, parce qu'il est salarié.

En somme, le Fellah est un bon ouvrier, et, ce qui est plus précieux, capable d'un travail constant sous le soleil brûlant de l'Égypte.

Dans quelques mois l'on installera dans les Lacs amers un nouveau chantier de *trois mille* Fellahs.

Pour terminer tout ce qui a rapport à la tranchée de Chalouf, je dirai que, se trouvant de *sept* à *huit mètres* au-dessus du niveau de la mer, elle forme des dépressions où l'on croyait, au premier abord, pouvoir établir des lacs artificiels. La chose a été reconnue impossible à cause de la trop grande quantité d'eau qu'il faudrait pour les alimenter, quantité même que le canal d'eau douce aurait été incapable de fournir.

IV

ISMAÏLIA

Ismaïlia est en quelque sorte le point de re-
père du canal, et il se trouve à peu près sur le
milieu de son parcours. Il possède *deux* grandes
écluses au moyen desquelles est établi une
communication directe et facile entre Suez et
Port-Saïd. Tout le matériel des travaux y pas-
sera ; ce qui est déjà un résultat important, puisque les machines de toutes dimensions peuvent
s'échelonner ainsi sur le parcours du canal. On
ne peut véritablement pas douter du succès
d'une entreprise aussi avancée.

Le Seuil, principal chantier qui se trouve à la
hauteur d'Ismaïlia, au bord du canal maritime,
est un petit bourg qui a aussi son importance
en raison de sa situation géographique. Les
chantiers du Seuil sont encore plus considérables que ceux de Chalouf. Outre toutes les machines destinées à creuser le canal, on y voit des

ateliers considérables pour la confection et la réparation de ces machines. Mécaniciens, serruriers, charpentiers, menuisiers, etc., y sont en grand nombre. Là, comme à Ismaïlia, l'industrie privée a pris un développement considérable pour subvenir aux besoins des travailleurs. Tous ces campements sont abondamment pourvus de fournisseurs de tous pays et de toute espèce : bouchers, épiciers, drapiers, etc. Il y a même un hôpital où les pauvres trouvent tous les secours nécessaires. Le service médical est très-bien organisé et subvient à tous les besoins.

Revenons maintenant à l'embouchure du canal maritime dans le lac Timsàh : le lac, d'abord, a une étendue considérable; il n'a pas moins de *six kilomètres* en tous sens. L'eau de mer y est déjà assez élevée pour permettre aux petits bateaux à vapeur de le parcourir. Notons en passant la grande machine hydraulique qui refoule l'eau douce d'Ismaïlia à Port-Saïd. L'eau est ainsi conduite dans des tuyaux en fonte à une distance de *douze* à *quinze lieues,* et à chaque campement se trouvent des réservoirs très-suffisants pour les besoins domestiques. Désormais donc on trouve de l'eau potable sur tout le parcours du canal maritime, et c'était là un résultat de la plus haute importance pour la réussite de l'entreprise. Aujourd'hui, le travail est plus facile, surtout quand on le compare aux difficultés qu'on rencontrait au début, alors qu'on vivait sous la tente et que l'eau potable arrivait par caravanes à dos de chameaux.

V

LE SEUIL D'EL-GUISIR

Les travaux du Seuil d'El-Guisir, d'abord commencés par les Fellahs, se continuent au moyen de terrassements faits à sec par des bras d'hommes, comme à la tranchée de Chalouf; ils peuvent être évalués à *quatre millions de mètres cubes.* La partie en contre-bas de la mer sera également creusée dans le même temps que s'exécuteront ces terrassements, par de puissantes dragues, et l'on déversera tous les déblais dans le lac Timsah, mais assez loin pour ne gêner aucunement le tracé du canal. Ce lac Timsah, qui ne pouvait être utile qu'étant rempli et qui ne pouvait être rempli qu'avec *quatre-vingts millions* de mètres cubes d'eau, a exigé un travail tout particulier. Ce sont les eaux de la Méditerranée que l'on y déverse depuis plusieurs mois et avec le plus grand succès, puisqu'en *un mois*, et même moins, elles se sont élevées à *un mètre et demi.*

Disons maintenant un mot des bateaux porteurs qui, s'ouvrant tantôt par le fond, tantôt sur les côtés, vont jeter le sable enlevé par les dragues au loin, en pleine mer. Ils varient de forme et de poids, suivant les endroits auxquels on les destine, mais ils réunissent tous les qualités les plus précieuses et les plus économiques; ils sont mus par des machines à vapeur et peuvent contenir de *quatre-vingt-dix* à *cent vingt mètres cubes.*

VI

SERAPEUM

La tranchée du Serapeum présentait, ce qui était assez embarrassant à cause de son isolement, *trois millions* de mètres cubes à enlever à sec; aussi le nombre des ouvriers ne pouvant suffire à ce genre de travail, l'on a profité des ondulations du sol pour établir des bassins fermés, qui sont alimentés par les eaux du canal d'eau douce, dont ils égalent à peu près le niveau. C'est ainsi que l'on a trouvé moyen de substituer au travail à sec le dragage, bien plus facile et plus économique. L'on croyait tout d'abord, il est vrai, que ces lacs artificiels ne pourraient retenir les eaux déversées; mais l'expérience vient de prouver le contraire. Cela tient au limon qui, provenant des eaux du Nil, rend plus serrées et compactes les molécules du sable. Un certain nombre de dragues a déjà été envoyé au Serapeum, et les trois lacs qui le composent peuvent contenir *quatre millions* de mètres cubes d'eau. Les dragues creuseront d'abord à *huit* mètres, ce qui mettra la tranchée à *deux* mètres au-dessous du niveau de la mer, qui remplacera alors l'eau douce. Ce travail sera ainsi ingénieusement doublé, en faisant creuser aux dragues d'une part *huit* mètres dans l'eau douce, et d'autre part *huit* mètres dans l'eau de mer, ce qui fera *seize* mètres. Une partie des déblais sera jetée dans une portion des lacs artificiels, et l'autre partie dans le lac Timsah. Dans la partie du Serapeum en contre-bas du niveau de la mer seront élevées deux digues, entre lesquelles achèveront de creuser les dragues afin d'y permettre l'introduction des eaux de la Méditerranée.

VII

LACS AMERS

Les Lacs amers se trouvent au bas de la hauteur qui forme le seuil du Serapeum. La dépression assez grande qu'ils forment a donné lieu à différentes conjectures dont on attend encore la solution. L'on divise généralement les Lacs amers en deux parties : le grand dont la longueur est de *vingt-cinq* kilomètres et la largeur de *huit* kilomètres ou *dix*. Le petit est long de *quinze* kilomètres et large de *trois* ou *quatre*. L'on présume que ces Lacs formaient autrefois l'extrémité de la mer Rouge. Les eaux de cette mer rempliront les Petits Lacs, ce qui permettra aux dragues de fonctionner à l'aise et de tracer le Canal à travers les Petits et les Grands Lacs. Les Grands Lacs amers seront également dragués et préalablement remplis par les eaux de la Méditerranée et de la mer Rouge, ce qui représentera environ *un milliard* de mètres cubes d'eau pour couvrir une surface de *trois cents millions* de mètres carrés. Quant à l'élévation du sol que l'on peut remarquer entre les Petits et les Grands Lacs amers, comme cette élévation forme en même temps un étranglement, il suffira pour l'encaisser et la fermer d'une digue de *trente à quarante mille* mètres cubes.

VIII

PORT-SAID

Port-Saïd, à l'ouest de l'ancienne ville de Pé-
luse, est d'une création toute récente. Situé dans
la position la plus satisfaisante sous le rapport
du tirant d'eau exigé par les grands navires, sa
plage est formée par une bande de sable de
cent cinquante à *deux cents* mètres de largeur ;
le lac Menzaleh s'étend au sud de cette bande, et
le tour de cette immense plaine liquide, qui res-
semble plutôt à un marais, est d'environ *deux
cents* kilomètres. La longueur de la portion
du canal qui la traverse est de *quarante-quatre*
kilomètres. Un autre lac plus petit, que l'on appelle lac Ballah, lui fait suite.

Maintenant que la position est bien établie,
parlons de la création du port. La plage est formée par des sables d'une grande finesse mêlés
à des couches vaseuses très-favorables à l'an-
crage des navires ; mais ce qui nuisait un peu à

la formation du port provenait de la force des courants. On est parvenu à les amortir en éta-blissant deux jetées : la première, résistant à l'action des vents de l'Ouest, sera longue de *trois mille cinq cents* mètres; la seconde, qui pro-tégera le port en l'abritant contre les vents de l'Est, ne sera longue que de *deux mille cinq cents* mètres. L'une de ces jetées sera perpendiculaire au rivage et l'autre oblique : toutes deux seront convergentes. L'espace qui se trouvera entre elles à l'endroit le plus éloigné du rivage sera d'environ *quatre cents* mètres et la distance en-tre elles, à leur point de départ, de *mille quatre cents* mètres. Un avant-port, qu'elles protégeront également, sera d'une grande utilité pour le mouillage des navires. Quant à la nature des jetées dont je viens de parler, le pays ne four-nissant pas de pierres, l'on a été obligé de les faire en mortier hydraulique, comme cela, du reste, a été pratiqué avec succès dans plusieurs ports d'Europe. Les blocs que l'on emploie sont formés avec le sable égyptien mêlé à la chaux du Theil qui vient de France. Le mortier ainsi composé et moulé dans des caisses représente des cubes de *dix* mètres, dont le poids est de

vingt mille kilogrammes. Le mortier fabriqué
par la vapeur, lorsqu'il a séché plusieurs mois
sous la forme de blocs, allonge progressivement
la jetée, où il oppose aux vagues la résistance de
la pierre. Des bateaux *ad hoc* le transportent à
destination. L'activité la plus grande préside à
la fabrication de ces blocs. La longueur de la
jetée de l'Ouest est actuellement de *deux mille*
mètres et celle de l'Est de *mille* mètres. Cette
seconde jetée ne dépasse pas le niveau de l'eau,
et les blocs qui viennent s'ajouter tous les mois
à ceux déjà placés des deux côtés s'élèvent au
nombre de *six cent* à *six cent cinquante*. On
aura, selon toutes probabilités, terminé ces jetées vers la fin de l'année 1868 ou le commence-
ment de 1869. Le sable qui se trouve entre les
jetées est enlevé par les dragues, qui fonctionnent depuis *sept* à *huit* mois. Elles ont déjà
enlevé *un million quatre cent mille* mètres
cubes. Du côté du lac Menzaleh, où la vase do-
mine, l'on a obtenu de bons résultats, ce qui dé-
truit les craintes manifestées souvent sur la
nature des dragages. En somme, Port-Saïd se
trouve dans la position la plus avantageuse,
autant par la configuration du rivage que par sa

situation géographique. Les travaux que l'on y entreprend sont tellement considérables qu'il faut les avoir vus pour s'en faire une idée à peu près exacte. Du reste, les immenses chantiers qui y sont établis sont représentés sur une si grande échelle, que je ne sais vraiment si l'on en pourrait voir ailleurs d'aussi beaux. Tout s'y fait avec ordre et exactitude, et l'on croirait voir l'ombre d'une grande capitale se réveillant d'un long sommeil.

Avant de terminer cette intéressante étude, rappelons que la longueur du canal est de *cent soixante* kilomètres, ce qui expliquera à certaines personnes le retard qu'ont éprouvé les travaux, retard qui semble bien peu de chose lorsque l'on considère l'immensité de l'œuvre et les difficultés de l'entreprise.

L'achèvement du canal aura donc pour résultat définitif de réduire de *six mille* lieues à *trois mille* lieues l'espace qui sépare l'Europe de l'Asie. Ce fait en dit plus que tous les commentaires, et c'est surtout en matière de sciences que l'on peut dire que les chiffres ont une éloquence indiscutable. Le commerce et l'industrie des deux mondes vont trouver dans cette voie nouvelle de tels éléments de prospérité, que noùs ne croyons rien exagérer en disant que les hommes éminents qui ont consacré à cette œuvre leur énergie, leur intelligence, et même une partie de leur vie, ont bien mérité de l'humanité tout entière.

Fait au Caire en mars 1867.

ALEXANDRE DE MANVILLE.

Paris. Imp. Balitout, Questroy et Cᵉ, 7, rue Baillif.